El ESPACIO

Gina Samba • Judit Piella

edebé

¡Bienvenidos al espacio!

Una noche de verano, te tumbas en la hierba y miras al cielo... ¡Cómo brillan las estrellas! Pero ¿dónde están exactamente? Las estrellas están en el espacio, ese gigante que los seres humanos observamos fascinados desde hace miles de años y que está lleno de estrellas, planetas, asteroides, satélites, cometas, galaxias...

De todo ello vamos a hablar en este libro. Porque el espacio es un lugar sorprendente del que cada día descubrimos algo nuevo. ¡Súbete a nuestra nave espacial y exploremos el universo!

¿Qué es el espacio?

Empecemos por el principio. Hace entre 13 500 y 14 000 millones de años, no existía nada, ¡ni siquiera el tiempo! El universo era el vacío, la nada; posiblemente solo existía una gran carga de energía, que acabó explotando y que generó una inmensa nube de partículas que fue haciéndose más y más grande...

Así surgieron el espacio (donde ocurren las cosas) y el tiempo (que mide cuánto duran). Con el tiempo, de aquella nube de partículas aparecieron las estrellas, los planetas, las galaxias, etc. Esta teoría de la expansión se denomina **Big Bang** o «Gran explosión».

Además, el espacio no para de crecer y, aunque no seamos capaces de ver dónde termina —si es que termina en algún sitio—, sabemos que nuestro planeta, la Tierra, es como un granito de arena en una inmensa playa.

El Sol y el sistema solar

Toda la vida de la Tierra depende del Sol. ¿Sabías que es una estrella? Pues sí, y alrededor de él giran ocho planetas, uno de los cuales es el nuestro, la Tierra. Y todo esto conforma el **sistema solar**, que se formó hace unos 4500 millones de años.

Júpiter

Sol

Saturno

Marte

Neptuno

6

Es difícil imaginar tanto tiempo, ¿verdad? El Sol está justo en el centro y es el gran protagonista de este sistema. Su luz es la que ilumina los planetas, pues estos carecen de luz propia.

Mercurio

Tierra

Venus

Urano

¿Sabías que el Sol es tan enorme que en él cabrían más de un millón de Tierras? Entonces, ¿por qué no lo vemos tan grande? Pues porque está muy lejos, a unos 150 millones de kilómetros.

La Tierra, nuestro planeta

La Tierra parece una gran pelota, pero en realidad está un poco aplastada en los polos norte y sur, por lo que queda algo abultada en el ecuador; es decir, en el medio.

La Tierra también recibe el nombre de **planeta azul**, porque mucho más de la mitad de su superficie está cubierta de agua.

Gracias al agua, y también al oxígeno y la luz del Sol, la Tierra es el único planeta del sistema solar donde existe vida. La capa de gases que forman la atmósfera nos protege del calor excesivo del Sol.

La Tierra gira alrededor del Sol: tarda 365 días, un año, en dar una vuelta completa. Y, a la vez, gira sobre sí misma, como una peonza muy lenta: tarda 24 horas, un día, en dar una vuelta.

La Luna: el satélite de la Tierra

La Luna es el único **satélite** natural de la Tierra. Un satélite es un cuerpo que gira alrededor de otro más grande. Como una mascota, pero sin correa. La Luna, además, gira sobre sí misma a la misma velocidad que gira en torno a la Tierra; por eso vemos siempre la misma cara.

La Luna no tiene aire ni agua, por lo que no contiene vida. Tampoco tiene luz propia: la vemos iluminada porque refleja la luz del Sol. Entonces, no es que la Luna cambie de forma, sino que la vemos distinta según la posición que ocupa respecto a la Tierra y el Sol. Es lo que llamamos **fases lunares**. Existen cuatro: luna nueva, cuarto creciente, luna llena y cuarto menguante.

Luna nueva: no la vemos porque está entre la Tierra y el Sol, que ilumina la cara «oculta» del satélite.

Cuarto menguante: la Luna ha recorrido tres cuartos de su órbita, por lo que solo vemos la mitad izquierda de su cara visible.

Cuarto creciente: la Luna ha avanzado un cuarto de su órbita, de modo que solo vemos la mitad derecha de su cara visible.

Luna llena: se refleja la luz del Sol en toda la cara visible. Por lo tanto, el Sol está exactamente en el lado opuesto de la Luna.

Los planetas rocosos

Los cuatro planetas más pequeños del sistema solar son los rocosos: la Tierra, Mercurio, Venus y Marte. Se llaman así porque están formados básicamente por rocas y metales. Las **rocas** están compuestas sobre todo por **silicatos**, un grupo de minerales muy abundante.

La superficie de los planetas rocosos es sólida, dura y no gaseosa, a diferencia de otros planetas.

Mercurio es el planeta más pequeño del sistema solar y el más cercano al Sol.

La Tierra es el único planeta del sistema solar que alberga vida, gracias a la presencia de agua en estado líquido y a una atmósfera rica en oxígeno.

Venus es conocido por brillar con gran intensidad y por ser visible desde la Tierra sin telescopio.

Marte suele denominarse «el planeta rojo», por su alto contenido en óxidos de hierro; al igual que la Tierra, contiene agua, pero en menor cantidad, y, además, está congelada debajo de la superficie.

Los planetas gaseosos

Estos planetas están compuestos de gases y líquidos, por lo que no podemos aterrizar en su superficie con nuestra nave ni darnos un paseo por ellos... La única parte sólida es su núcleo interno, como el hueso de una aceituna.

Júpiter es el planeta más grande del sistema solar y el que más rápido gira sobre sí mismo; tiene más de 60 lunas para él solito.

Urano fue el primer planeta en ser descubierto con telescopio. Además, es el único planeta que gira completamente de lado, con su eje de rotación casi paralelo al plano de su órbita, como si estuviera acostado.

Saturno es conocido por sus anillos formados por hielo y polvo; por eso brillan tanto. Los vientos en Saturno son muy fuertes.

Neptuno es el planeta más alejado del Sol, por lo que no solo tarda 164 años terrestres en rodearlo, sino que además es muy frío: su temperatura baja de los 200 °C bajo cero.

La Vía Láctea y las galaxias que conocemos

En el espacio hay muchísimas galaxias: ¡se calcula que existen unos 100 000 millones! Algunas las conocemos, pero otras están tan lejos que todavía no hemos podido estudiarlas. Una **galaxia** está formada por estrellas, planetas, partículas, gases y polvo estelar que se mantienen unidos gracias a la **gravedad**, esa fuerza invisible que atrae cualquier objeto, como si fuera un imán.

Las galaxias pueden tener forma de espiral, como un ventilador; de óvalo, o bien parecerse a una mancha irregular.

La galaxia donde se encuentra nuestro sistema solar se llama **Vía Láctea** y tiene forma de espiral. Fueron los romanos quienes la bautizaron así (Vía Láctea significa 'camino de leche'), porque parece una mancha blanca en el cielo.

Estrellas y constelaciones

Aunque las **estrellas** que centellean en el cielo de noche nos parecen pequeñitas, algunas son más grandes que nuestro Sol.

Las estrellas nacen, crecen y al final mueren. Se forman cuando se unen gas y polvo del espacio en una gran bola que, cuando está muy comprimida, se calienta tanto que arde; por eso la vemos brillar, aunque es un fuego sin oxígeno, producido por la reacción del gas al convertirse en energía. Cuando esta se acaba, las estrellas se apagan y desaparecen. Eso sí, ¡viven miles y miles de años!

Seguro que más de una vez has jugado a unir los puntos en un papel hasta formar un dibujo, ¿verdad? Pues eso son, más o menos, las **constelaciones**: un conjunto de estrellas que, si las unimos con líneas imaginarias, forman un dibujo en el cielo. Tienen formas de animales, objetos o personas. Seguro que algunas te suenan: Osa Mayor, Osa Menor, Pegaso, Orión...

Estrellas fugaces, asteroides y cometas

Si tienes suerte, en medio de la noche puedes ver una estrella que se desplaza por el cielo. Es una **estrella fugaz**, aunque, a decir verdad, no es una estrella, por mucho que lo parezca.

Se trata de rocas espaciales que logran entrar en nuestra atmósfera a toda velocidad. Entonces se queman y, por eso, las vemos iluminadas. Son los **meteoros**. Pero, si alguno consigue no quemarse del todo y llegar a la Tierra, entonces recibe el nombre de **meteorito**.

Los **cometas**, por su parte, son fragmentos de roca con partículas de hielo y polvo que vienen de las afueras de nuestro sistema solar. Cuando se acercan al Sol, el hielo se funde y forma una cola muy brillante; y cuando se alejan, la cola desaparece.

Los **asteroides** son grandes rocas que orbitan en el espacio, pero su giro alrededor del Sol puede modificarse cuando la gravedad de otros astros los afecta, lo que puede hacer que se acerquen a la Tierra. Los asteroides, a diferencia de los cometas, no tienen cola.

¿Quién observa y explora el espacio? ¿Cómo lo exploramos?

El espacio es tan grande que siempre podemos descubrir algo nuevo en él. La ciencia encargada de estudiar el espacio es la **astronomía**, y quienes se encargan de estudiar científicamente el espacio son los **astrónomos**.

Una de sus herramientas favoritas es el **telescopio**, que es como una lupa gigante en forma de tubo que les permite ver todo aquello que a simple vista no veríamos.

Con el fin de contribuir a la labor de los astrónomos y al estudio del espacio, surgieron las agencias espaciales, unas organizaciones nacionales e internacionales muy importantes, como la NASA en EE. UU. o la ESA en Europa.

Allí se forman los **astronautas**, las personas encargadas de visitar el espacio en una nave espacial.

Gracias a estas agencias, podemos mandar satélites, cohetes o *rovers* al espacio. Los **satélites** son objetos que, mediante un **cohete**, se lanzan al espacio para orbitar alrededor de un planeta y observarlo mejor. Y los ***rovers*** son vehículos robóticos preparados para explorar planetas y lunas.

¿Hay vida extraterrestre?

Aunque todavía no hay ninguna prueba de ello, no podemos descartarlo. Repasemos qué necesitamos para que haya vida en la Tierra: una buena temperatura, oxígeno y agua. Así pues, muchos científicos creen que es posible que exista vida en algún otro lugar del universo, ya que este es enorme.

De momento, los astrónomos han descubierto unos 8 000 planetas. Pero, por ahora, los únicos extraterrestres que hemos visto han sido los de las películas. Y es que la vida fuera de la Tierra no tiene por qué ser inteligente; los científicos apuestan más por encontrar **microorganismos**, como microbios y bacterias.

Quizás en el futuro, empleando grandes **radiotelescopios** para captar señales del espacio, podamos contactar con seres de otros planetas.

Fin de la expedición

El espacio es un lugar tan maravilloso como enigmático. Gracias al recorrido que hemos trazado por estas páginas, lo conocemos un poco mejor. Lo que está claro es que nosotros, dentro del universo, no somos tan importantes como a veces creemos.

Si te apasiona este tema, te animamos a seguir investigando: dispones de libros, páginas web, telescopios, planetarios, etc. para ampliar tu conocimiento... ¡hasta el infinito y más allá! Quién sabe, tal vez algún día puedas poner tu nombre a una estrella o un planeta nuevo.

Curiosidades

¿Por qué a veces nos quedamos **a oscuras en pleno día**?
Muy sencillo: porque la Luna se interpone entre nosotros y el Sol tapa la luz solar, como si fuera una cortina. Es lo que llamamos **eclipse solar**.

¿Y por qué a veces vemos la Luna de color marrón o rojiza? Esto sucede cuando la Tierra se interpone entre el Sol y la Luna, y proyecta su sombra sobre la superficie lunar; parte de la luz del Sol se filtra a través de la atmósfera terrestre y se ve sobre todo luz roja, que da a la Luna un intenso tono anaranjado. Este fenómeno se conoce como **eclipse lunar**.

¿Sabías que antes la gente creía que todos los planetas del sistema solar y el Sol giraban alrededor de la Tierra?
Fue **Copérnico** quien, en el siglo XVI, demostró que son los planetas, incluida la Tierra, los que giran alrededor del Sol.

El Everest es la montaña más alta del planeta Tierra, pero ¿sabías que en el sistema solar hay una muchísimo más alta? Se trata del **monte Olimpo**, situado en Marte: mide 26 km de alto, como tres Everest. Sin embargo, podríamos escalarlo caminando, ya que su pendiente es suave.

Uno de los grandes enigmas del universo son los **agujeros negros**. Son como una aspiradora gigante que lo engulle todo, incluso la luz. Lo que no sabemos es dónde va a parar y qué pasa con todo lo que engullen...

¿Sabías que la **NASA** depositó tres **figuras de Lego** en la sonda espacial que se envió para explorar Júpiter? Se trata de los muñequitos del científico italiano Galileo Galilei, del dios Júpiter y de su esposa, la diosa romana Juno.

GUÍA DIDÁCTICA

No hay nada más emocionante que leer con los pequeños de la casa y abrirles las puertas a un mundo fascinante a través de la lectura. A continuación, proponemos algunas preguntas para formular durante la lectura del libro.

IMAGINAR Y CONVERSAR

Fomentar la imaginación de los pequeños y, después, reflexionar sobre ello les ayuda a despertar su espíritu crítico. Las siguientes son algunas preguntas interesantes que se pueden plantear, pero hay muchas más.

- ¿Te gustaría ser astronauta y viajar por el espacio? ¿Cómo crees que debe ser la vida dentro de una nave espacial sin gravedad?
- ¿Te imaginas cómo sería vivir en otro planeta?
- ¿Qué harías si de repente llegase un extraterrestre a la Tierra? ¿Qué le preguntarías y qué le contarías sobre nosotros, los seres humanos?
- Imagina cómo sería tu planeta ideal: ¿qué temperatura tendría?, ¿cómo sería el paisaje?, ¿habría muchas horas de sol?, ¿existirían nuevas especies de animales?, ¿tendría lunas?
- Si pudieras viajar a la Luna y dejar allí un recuerdo tuyo, ¿cuál sería?

TRABAJAR PARA UN MUNDO MEJOR

Ya hemos visto que nuestro planeta es, de momento, el único
en el que la vida es posible; por eso, es necesario que, entre todos,
lo cuidemos porque no existen más Tierras en nuestro sistema solar. Seguro
que a nadie le gustaría irse a vivir a Marte, que queda un poco lejos...

Sin caer en catastrofismos, debemos intentar que los pequeños valoren la importancia
y singularidad de nuestro planeta. Con ese objetivo, podemos proponerles tareas muy
sencillas para que comprendan que también ellos pueden cuidar la Tierra.
Por ejemplo, podemos preguntarles: «¿Qué puedes hacer tú para cuidar nuestro planeta?»,
y sugerirles medidas como estas:

- Riega las plantas al anochecer; así el Sol tardará más en evaporar el agua y la tierra no
  se secará tan rápido.
- No hagas fuego en el bosque y avisa siempre que veas humo.
- Reduce tanto como puedas el uso de plásticos. Reto: paséate por casa para examinar
  qué plásticos podrías dejar de usar: bolsas, envoltorios, pajitas, cucharillas...
- Dúchate en lugar de bañarte. Para que sea más divertido, ponte tu canción favorita:
  tu tiempo de ducha será el que dure la canción.
- Reutiliza el papel: usa las dos caras de un folio, haz manualidades con papeles
  ya usados, etc.
- Apaga todas las luces que no necesites. Explora tu casa y ve apagándolas
  todas, ¡incluso la lucecita roja de la tele!

© 2026 Grupo Edebé
Paseo de San Juan Bosco, 62,
08017 Barcelona. España
www.edebe.com

Primera edición: enero, 2026

Realización editorial: Somnins
© Texto: Gina Samba
© Ilustraciones: Judit Piella
Asesor: Gregorio Moreno

Dirección editorial de Publicaciones no ficción: Marta Sans

ISBN: 978-84-683-7609-7
Depósito legal: B. 360-2025
Impreso en España.
Printed in Spain